BEI GRIN MACHT SICH IHR WISSEN BEZAHLT

AF144723

- Wir veröffentlichen Ihre Hausarbeit, Bachelor- und Masterarbeit

- Ihr eigenes eBook und Buch - weltweit in allen wichtigen Shops

- Verdienen Sie an jedem Verkauf

Jetzt bei www.GRIN.com hochladen und kostenlos publizieren

Bibliografische Information der Deutschen Nationalbibliothek:

Die Deutsche Bibliothek verzeichnet diese Publikation in der Deutschen National-
bibliografie; detaillierte bibliografische Daten sind im Internet über http://dnb.d-
nb.de/ abrufbar.

Impressum:

Copyright © 2018 GRIN Verlag
Druck und Bindung: Books on Demand GmbH, Norderstedt Germany
ISBN: 9783346143761

Dieses Buch bei GRIN:

https://www.grin.com/document/540186

F. A. Käsbauer

Wettbewerbsvorteile durch die Verbesserung der Software-Usability

GRIN Verlag

GRIN - Your knowledge has value

Der GRIN Verlag publiziert seit 1998 wissenschaftliche Arbeiten von Studenten, Hochschullehrern und anderen Akademikern als eBook und gedrucktes Buch. Die Verlagswebsite www.grin.com ist die ideale Plattform zur Veröffentlichung von Hausarbeiten, Abschlussarbeiten, wissenschaftlichen Aufsätzen, Dissertationen und Fachbüchern.

Besuchen Sie uns im Internet:

http://www.grin.com/

http://www.facebook.com/grincom

http://www.twitter.com/grin_com

VERBESSERUNG DER USABILITY

F. A. KÄSBAUER

Inhaltsverzeichnis

Abkürzungsverzeichnis

Abbildungsverzeichnis

Tabellenverzeichnis

1 Einleitung

Wir leben heutzutage in einer immer schneller werdenden und kommunikationsaffinen Gesellschaft. Der starke Trend zum Austausch über das Internet mittels verschiedenster Kanäle ist überall zu beobachten (Fuhse 2018, S. 11). Viele Themengebiete rücken verstärkt in den Vordergrund. Die Informationstechnologie (IT) mit ihren vielseitigen Anwendungsbereichen ist nicht mehr wegzudenken. Vor allem die Entwicklung und der Gebrauch von Software gehört zum Standardrepertoire (Bohnet 2015). Dabei spielt auch die Interaktion mit Kunden und Nutzern eine entscheidende Rolle. Neben fachspezifischen Anforderungen muss die Software ebenso auf Bedienbarkeit und Nutzerfreundlichkeit aufbauen. Es reicht nicht mehr, sich lediglich auf Fachinhalte zu konzentrieren. Software muss auch für Laien verständlich sein (Bohnet 2015). Dies umfasst auch Ergonomie und eine angenehme Bedienung.

In diesem Zusammenhang wird man häufig mit der Usability konfrontiert. Die kundenfreundliche Bedienung ist für den Wettbewerb ein nicht zu vernachlässigendes Element. Für den Einen mag eine angenehme Benutzeroberfläche ein zusätzlicher Kaufgrund sein, für Andere eine obligatorische Mindestanforderung. Blickt man auf die Größe des Softwaremarktes von 23 MRD Euro in 2017 und einem weiteren Wachstum 2018 (Grimm und Stübinger 2018), so lohnt sich eine genauere Betrachtung.

Im Folgenden soll nun ein Konzept anhand eines Softwareunternehmens beschrieben werden, Usability im Rahmen der empirischen Forschung zu untersuchen. Um den Markterfolg eines Softwareprodukts zu untersuchen, soll vor Markteinführung eine Simulationsphase gestartet werden, in welcher die Usability überprüft und verbessert wird. Zunächst gilt es den Begriff Usability zu erörtern. Anschließend soll eine Übersicht zum Aufbau dieses empirischen Forschungsprojektes dargelegt werden. Es wird auf das Forschungsdesign- und schließlich auf die genaue Durchführung des Forschungsprojektes eingegangen. Am Ende soll sich eine klare Einschätzung zum Projekt herauskristallisieren.

2 Begriffserklärung
2.1 Usability

Zunächst gilt es den Begriff Usability zu definieren. So leitet sich Usability aus den beiden Wörtern „to use" und „ability" ab, welche mit „benutzen" und „Möglichkeit" übersetzt werden. Aus dem Englischen versteht man darunter die Nutzbarkeit und die Bedienbarkeit, des jeweiligen Objektes. Diese linguistische Interpretation unterscheidet sich von der Normdefinition des Begriffs. Die standardisierte Erklärung nach der DIN EN ISO 9241 Norm bezeichnet Usability noch differenzierter:

„Usability ist das Ausmaß, in dem ein Produkt durch bestimmte Benutzer in einem bestimmten Nutzungskontext genutzt werden kann, um bestimmte Ziele effektiv, effizient und zufriedenstellend zu erreichen." (DIN EN ISO 9241-129)

Die Definition nach der DIN EN ISO 9241 Norm liefert einen relativ industriellen Ansatz. So bezieht sich Usability hierbei auf Effektivität, Effizienz und dem konkreten Nutzen eines Produktes. Diese Herangehensweise stellt einen wirtschaftlicheren Standpunkt dar. Usability ist demnach eher ein Konstrukt zur Wertschöpfung und Gewinnerzielung. Kombiniert man beide Ansätze im vorliegenden Kontext der Softwareentwicklung, so ergibt sich aus dem Begriff Usability eine übertragene Interpretation. Unter Usability kann man die Benutzerfreundlichkeit, die Bedienbarkeit - aber auch die Ergonomie und Gestaltungsebene einer Software verstehen. Der Benutzer muss mit der Software „umgehen" können und sich wohlfühlen (Handbuch Usability 2007). Als Nutzer sollte man mit der Software schnell vertraut sein und kompromisslos interagieren können. Dieser Qualitätsanspruch muss bei der Programmierung und Entwicklung berücksichtigt werden, was beispielsweise auch Elemente der Benutzeroberfläche und Gestaltung betrifft. Man kann demnach sagen, eine Software besteht nicht nur aus den fachlichen Qualitätsmerkmalen, sondern auch aus der Usability – aus der Bedienbarkeit und Oberfläche, der Handhabung und Präsentation. Dies gilt es in den folgenden empirischen Schritten des Forschungsprojektes aufzuzeigen.

2.2 Forschungsdesign

In der empirischen Forschung geht es darum, neue Erkenntnisse und Wissen zu gewinnen. Es geht darum, Antworten auf offene Fragen zu finden, als auch bisherige Antworten auf Fragestellungen zu überprüfen. Das Aufstellen und die Korrektur von Hypothesen gehört zur gängigen Praxis (Bienefeld und Gausling 2017, S. 9). Um dieses Ziel in die Tat umzusetzen, muss sich der Forscher intensiv mit dem Thema auseinandersetzen. Das Forschungsdesign ist deshalb von oberster Wichtigkeit! Die Ausgangsbasis bildet das Thema der Forschung. Jetzt unterscheidet man in der Untersuchungsplanung, ob es sich um eine explorative-, deskriptive-, explanatorische- oder um eine Evaluationsforschung handelt. Bei der explorativen Forschung existieren zum Startzeitpunkt nur ungenaue oder keine Informationen. Sie dient vor allem auch der Hypothesenbildung. Die deskriptive Forschung hingegen beschreibt einen Gegenstand oder Sachverhalt in seinem Zustand. Explanatorische Projekte dienen der Vorhersage oder Erklärung durch die Prüfung von Theorien und Hypothesen. Zu guter Letzt bewerten Evaluationsprojekte Sachverhalte und Felder (Bienefeld und Gausling 2017, S. 11). Die Unterschiede der Untersuchungsarten sind in Tabelle 1 zusammengefasst.

Tabelle 1 Untersuchungsarten empirischer Forschung (vgl. Bienefeld und Gausling 2017, S. 11)

Exploratives Forschungsprojekt	Erforschung von weitgehend unbekannten Strukturen und Feldern
Deskriptives Forschungsprojekt	Beschreibung von Sachverhalten
Explanatorisches Forschungsprojekt	Erklärung und Voraussage von Sachverhalten durch Prüfung
Evaluationsforschungsprojekt	Bewertung von Sachverhalten

Neben den Untersuchungsarten kann beim Forschungsdesign zwischen einer quantitativen und qualitativen Methodik differenziert werden. Wie in Tabelle 1 aufgezeigt, ist die Herangehensweise abhängig von der Forschungsfrage. Die quantitative Methodik (z.B. einheitliche Fragebögen) eignet sich primär zur Klärung von

Beobachtungszusammenhängen oder standardisierten Aussagen zu größeren Populationen.

Die qualitative Forschungsmethode richten sich insbesondere an subjektive, menschlichere Datenerfassung. Hierbei steht der einzelne Proband mehr im Vordergrund und das Ablaufschema ist individueller (Bienefeld und Gausling 2017, S. 21–22). Zentrale Merkmale sind die vorhandenen Informationen zum Forschungsstart. Der anschließende Teil befasst sich nun mit der Forschungsintervention.

2.3 Forschungsdurchführung

Zu diesem Zeitpunkt im Projekt müssen neue Erkenntnisse und Erfahrungen zum Forschungsgegenstand gefunden werden. Um diesen Informationsgewinn zu erreichen, bedient sich die empirische Forschung unter anderem aus Methoden der Beobachtung, Befragung oder Messungen (Bienefeld und Gausling 2017, S. 22). Zudem gibt es das Mittel der qualitativen Inhaltsanalyse (Schreier 2014, S. 3). Das oberste Ziel ist eine präzise Datenerhebung, welche möglichst vergleichbar und objektiv sein sollen. Man kann dies auch als Qualitätskriterium einer wissenschaftlichen Arbeit interpretieren. Die Phase der Durchführung setzt die richtige Auswahl der Erhebungsstrategie voraus. In der empirischen Forschung kann deshalb nicht immer identisch interveniert werden.

Bei der Beobachtung wird strukturiert vorgegangen. Man kann dabei zwischen verschiedenen Parametern differenzieren. Eine Beobachtung kann verdeckt- oder offen stattfinden. Wenn die Teilnehmer nichts von der Untersuchung wissen - diese zum Beispiel nicht angekündigt ist - handelt es sich um eine verdeckte Beobachtung. Man kann zwischen einer systematischen- oder unsystematischen Beobachtung unterscheiden. Agiert man nicht anhand eines bestimmten Schemas, ist der Charakter meist unsystematisch. Darüber hinaus kann der Beobachter entweder aktiv teilnehmen oder passiv handeln (Schweer 2017, S. 53–55). Die Beobachtung kann natürlich oder im künstlichen Rahmen stattfinden (Braun 2011, S. 10). Wichtig dabei ist vor allem außenstehende Störfaktoren auszublenden und den Fokus auf das zu beobachtende Objekt zu richten. Bei der Beobachtung ergibt sich ein Schema an Kombinationsmöglichkeiten, welches in Abbildung 1 aufgelistet ist.

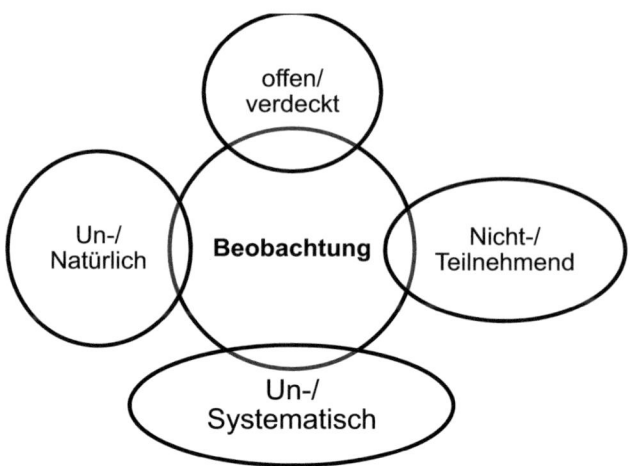

Abbildung 1 Möglichkeiten einer Beobachtung (vgl. Braun 2011, S. 6)

Neben der Beobachtung bietet sich auch häufig die Befragung zur Informationsbeschaffung an. Die Befragung kann dabei mündlich oder schriftlich erfolgen. Das Interview dient der mündlichen Befragung und wird nach dem Strukturierungsgrad klassifiziert. Je nach Vorgabe des Fragenkatalogs kann ein Interview niedrig-, mittel-, oder hoch strukturiert sein. Ein Expertengespräch wäre demnach aufgrund des mäßig vorgegebenen Fragenkataloges wenig strukturiert. Hier dominiert der Experte, es sind wenig Fragen vorgegeben – wohingegen bei hoch strukturierten Befragungen ein klar festgelegter Fragenkatalog existiert. Abweichungen von diesem definierten Schema sind nicht vorgesehen. Von einer mittleren Strukturierung spricht man beim Leitfadengespräch. Hierbei gibt man dem Fragensteller mehr Spielraum beim Abhandeln des Fragenkataloges und beim Reagieren auf Antworten. Der Grad der Strukturierung richtet sich oftmals nach der Kompetenz der Gegenseite, so können bei wenig strukturierten Interviews leichter völlig neue Informationen gewonnen werden (Schweer 2017, S. 44–47).

Je geringer strukturiert ein Interview, desto wahrscheinlicher ist ein Abweichen von den Befragungszielen. Die Gefahr der Beeinflussung des Fragenstellers ist bei wenig strukturierten Befragungen grundsätzlich höher. Folglich sollte der Fokus auf Objektivität liegen. Unabhängig davon, ob es sich um eine mündliche oder schriftliche

Befragung handelt, muss die Konzeption des Fragenkatalogs neutral sein. Der Befragte sollte sich frei äußern können. Eine verständliche Form sollte stets gewahrt- und vom Einfachen ins Schwere geleitet werden (Lang 2011, S. 6).

Dagegen analysiert die empirische Inhaltsanalyse vorhandene Informationen in Form von niedergeschriebenen Texten. Anhand der existierenden Literatur wird recherchiert und in der jeweiligen Fachrichtung selektiert. Die verschiedenen Werke und existierenden Quellen werden mit bestimmten Auswahlkriterien geprüft. Anhand der Forschungskriterien wird eine Literaturauswahl vorgenommen. Auswahl und Interpretationen müssen begründet und sachlicher Natur sein (Schreier 2014, S. 3–4).
Je nach zu Grunde liegender Fragestellung muss mit einer anderen Methode interveniert werden (Bienefeld und Gausling 2017, S. 22). Letztendlich soll es zu einem klaren Fazit, Ergebnistransfer und Abgleich mit der zentralen Forschungsfrage kommen (Bienefeld und Gausling 2017, S. 23). Die empirische Forschung liefert deshalb das Fundament neuer Erkenntnisse und ist unvermeidbar im erfolgreichen Projektverlauf.

3   Verbesserung der Software-Usability
3.1   Aufbau und Organisation

In diesem Kapitel soll nun ein Konzept entwickelt werden, in der die Usability einer Software durch eine Simulationsphase vor der Markteinführung verbessert wird. Der Fokus liegt hier vor allem auf Design- und Durchführung dieses empirischen Forschungsprojektes. Zunächst stellt sich die Frage nach dem zu erstellenden Forschungsdesign. Da das Grundziel die Verbesserung einer Software ist, stellt die Basis des Projekts einen professionellen Nutzertest mit IT-affinen Personen dar. Hierbei ist darauf zu achten, dass es sich um im täglichen Umgang mit Programmen geschulte Anwender handelt. Wir verzichten auf absolute Experten (z.B. Programmierer), als auch auf Computerlaien, um ein homogenes Datenfeld generieren zu können. Als Zahl definieren wir 100 Teilnehmer.

Schon lässt sich einkreisen, dass der Vorgang systematisch nach einem speziellen Plan verläuft. Selbst nehmen wir nicht teil, sondern bedienen uns im ersten Schritt der Beobachtung des Teilnehmerfeldes. An dieser Stelle ist es auch nicht nötig, die Teilnehmer mit „falschen Vorwänden" zum Gebrauch der Software zu animieren, um den Usability-Test zu verschleiern. Es kann offen die Intention des Forschungsprojektes kommuniziert werden, allerdings findet die Beobachtung in speziellen Nutzerräumen anhand von Kameras und Tracking-Software (z.B. aufgezeichnete Cursorbewegungen) statt. Die Forschungsparameter finden sich in der nachfolgenden Abbildung 2.

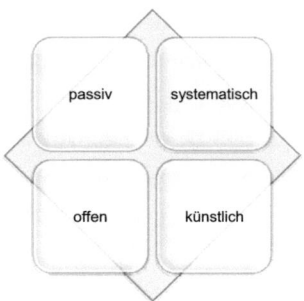

Abbildung 2 Beobachtungsparameter im Usability-Test

Durch die Beobachtungen der Softwarenutzung, sollen sich die jeweiligen Entwickler der Software ein erstes Bild über Verständlichkeit und potentielle Fehler einholen. Je nachdem, in welchem fachlichen Kontext sich die Software bewegt, sollen verschiedene Aufgaben gestellt werden (z.B. Buchhaltung, Kalkulationen, usw.). Hausinterne Experten bewerten und analysieren die Zeit, Bedienung und Erfüllung der Aufgabe. Nachdem wir den Aufbau erläutert- und erste Daten zur Software-Usability generiert haben, fokussieren wir nun das Nutzererlebnis der Teilnehmer.

3.2 Nutzerfeedback

Im nächsten Schritt wollen wir nun direkt das Feedback der Teilnehmer erfragen. Dazu erstellen wir einen quantitativen Fragebogen, den wir von allen Testern im Anschluss des Beobachtungstests vervollständigen lassen. Wir erreichen damit generelles Feedback und Eindrücke, mit denen wir die Usability gesamtheitlich abbilden können (Bienefeld und Gausling 2017, S. 21). Zusätzlich fügen wir am Ende des Fragebogens ein leeres Feld mit den eigenen Anregungen, Problemen oder Feedback zur freien Entfaltung des Nutzers hinzu. Aus dem ganzen Teilnehmerfeld sollen am Ende 10 Personen ausgewählt werden, welche besonders herausstachen – sei es bezüglich Beobachtung, Nutzung oder dem Fragebogenfeedback. Um im letzten Schritt qualitative

Informationen zu sammeln, sollen diese Tester zu einem Expertengespräch bezüglich der eigenen Impressionen zur Software-Usability eingeladen werden.

Es gilt die Selbstentfaltung und individuellen Nuancen bei der Anwendung zu protokollieren, um sich noch mehr persönliche Eindrücke zu verschaffen (Bienefeld und Gausling 2017, S. 22). Ein Beispiel zu einer formulierten Frage im Katalog liefert Tabelle 2.

Tabelle 2 Beispielfrage im Fragenkatalog

Frage	Intensitätsskala
Wie übersichtlich fanden Sie das Layout der Software?	1 (sehr unübersichtlich) 1 – 2 – 3 – 4 – 5 – 6 - 7 7 (sehr übersichtlich)

3.3 Auswertung

Zu guter Letzt werden alle gesammelten Daten ausgewertet. Die in der Beobachtung generierten Informationen über Anomalien, Probleme oder Anwenderfehler sollten im hauseigenen Expertenteam analysiert werden. Dies betrifft das qualitative Feedback aus den Interviews, aber auch die eigenen Anregungen im Prosa-Fragebogenfeld. Die restlichen, quantitativen Nutzerangaben aus dem Fragebogen müssen statistisch ausgewertet und extrapoliert werden. Auf mathematische Modelle wird im Rahmen dieser Arbeit nicht näher eingegangen. Mit den ermittelten Datensätzen kann das Entwicklerteam einzelne Schwachstellen der Usability (z.B. Verständlichkeit, Layout, usw.) identifizieren und zur Besserung beitragen. Weitere, präzisere Anregungen aus den Interviews begünstigen dies.

4 Schluss

Diese Arbeit beschäftigte sich mit dem empirischen Forschungsprojekt eines Usability-Software-Tests. Der zentrale Fokus lag auf Design- und Durchführung des Nutzertests. Obwohl keine konkreten Details zum Genre der Software vorlagen, wurde dennoch ein präzises Konzept für eine Simulationsphase vor der Markteinführung erarbeitet. Dabei bedient sich das Konzept den dargelegten Methoden der Beobachtung und Befragung und kommt somit zu einem fundierten Ergebnis. Wichtig ist an dieser Stelle jedoch auch das Verständnis des zirkulären und zusammenhängenden Verbesserungsprozesses (vgl. Baum et al. 2013, S. 15–18). Darunter versteht sich der kreisförmige Prozess, durch welchen erst jede Entwicklung erfolgreich implementiert wird. Aus den gewonnenen Daten des Usability-Test müssen die Erkenntnisse von den Programmierern erst verarbeitet, eingebaut- und erneut validiert werden. Durch diesen ständigen Verbesserungsprozess wird jede Verbesserung tragfähig. Im vorliegenden Szenario kann man die Verbesserungen erneut unter die Lupe nehmen- oder erst beim Marktstart durch die Kunden „testen" lassen. In diesem Zusammenhang wird deutlich, dass die Entwicklung auch nach Veröffentlichung nicht abgeschlossen ist und sich unter einem ständigen Revisionsprozess befindet (Baum et al. 2013, S. 17–18). Das Schaubild 3 dient der Verdeutlichung dieser kritischen Würdigung.

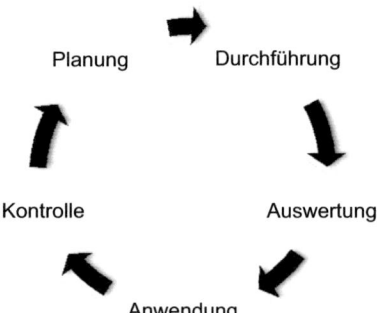

Abbildung 3 Vereinfachte Darstellung eines Planungsprozesses (in Anlehnung an Baum et al. 2013, S. 16)

Abschließend sei noch erwähnt, dass es sich im vorliegenden und beispielhaften Softwareprojekt um einen kleinen Test handelte. Diese Tests sind unumgänglich und von sehr großer Bedeutung - eine unreife Software kann bei Markteinführung sehr viel Schaden anrichten. In der gängigen Praxis umfassen diese Tests meist eine vielfache Anzahl an Anwendern, Entwicklern und Interventionsmaßnahmen. Der Umfang mitsamt Komplexität eines solchen Softwareprojektes steigt dementsprechend an. Die eingangs erwähnten Investitionssummen im Softwaremarkt veranlassen folglich hohe Budgetsummen im gesamten IT-Projektbereich. Eine gut funktionierende- und angenehm zu bedienende Software kann diese Summe in der heutigen Zeit sicherlich relativ schnell amortisieren.

5 Literaturverzeichnis

Baum, Heinz-Georg; Coenenberg, Adolf Gerhard; Günther, Thomas; Hamann, P. Maik (2013): Strategisches Controlling. 5., überarb. und erg. Aufl. Stuttgart: Schäffer-Poeschel. Online verfügbar unter http://gbv.eblib.com/patron/FullRecord.aspx?p=1578857.

Bienefeld, Marc; Gausling, Pia (2017): Themenfindung und Fragestellung für empirische Forschungsprojekte. In: Timo Burger und Nicole Miceli (Hg.): Empirische Forschung im Kontext Schule. Wiesbaden: Springer Fachmedien Wiesbaden, S. 9–27.

Bohnet, Johannes (2015): Die unheilvolle Vorherrschaft der Techies. Unter Mitarbeit von Johannes Bohnet. Hg. v. Manager Magazin. Online verfügbar unter http://www.manager-magazin.de/unternehmen/it/kolumne-bohnet-software-ist-zu-wichtig-um-sie-techies-zu-ueberlassen-a-1011663.html, zuletzt aktualisiert am 08.01.2015, zuletzt geprüft am 04.06.2018.

Braun, Uta (2011): Methoden der empirischen Sozialforschung I. Beobachtung. Unter Mitarbeit von Uta Braun. Bundestinstitut für Berufsbildung. Online verfügbar unter https://www.bibb.de/dokumente/pdf/a22_Lehre_WS10-11_Beobachtung_11-01-2011.pdf, zuletzt aktualisiert am 11.01.2011, zuletzt geprüft am 23.06.2018.

DIN EN ISO 9241-129, 2011: Ergonomie der Mensch-System-Interaktion - Teil 129: Leitlinien für die Individualisierung von Software (ISO 9241-129:2010). Online verfügbar unter https://www.din.de/de/meta/suche/62730!search?query=Mensch-System-Interaktion, zuletzt geprüft am 16.06.2018.

Fuhse, Jan (2018): Soziale Netzwerke. Konzepte und Forschungsmethoden. 2., überarbeitete Auflage. Konstanz, München: UVK Verlagsgesellschaft mbH; UVK/Lucius (UTB Sozialwissenschaften, 4563). Online verfügbar unter http://www.utb-studi-e-book.de/9783838549811.

Grimm, Franz; Stübinger, Veronique (2018): ITK-Märkte. Unter Mitarbeit von Franz Grimm und Veronique Stübinger. Hg. v. Bitkom Research GmbH. Online verfügbar unter https://www.bitkom.org/Marktdaten/ITK-Konjunktur/ITK-Markt-Deutschland.html, zuletzt aktualisiert am 02/2018, zuletzt geprüft am 04.06.2018.

Handbuch Usability (2007): Definition Usability. Online verfügbar unter http://www.handbuch-usability.de/begriffsdefinition.html, zuletzt aktualisiert am 2007, zuletzt geprüft am 15.06.2018.

Lang, Sabine (2011): Empirische Forschungsmethoden. Unter Mitarbeit von Sabine Lang. Hg. v. Sabine Lang. Universität Trier. Bad Dürkheim. Online verfügbar unter https://www.uni-trier.de/fileadmin/fb1/prof/PAD/SP2/Allgemein/Lang_Skript_komplett.pdf, zuletzt geprüft am 26.06.2018.

Schreier, Margrit (2014): Varianten qualitativer Inhaltsanalyse. Ein Wegweiser im Dickicht der Begrifflichkeiten. In: *Forum Qualitative Sozialforschung*, S. 1–27. Online verfügbar unter http://www.qualitative-research.net/index.php/fqs/article/view/2043, zuletzt geprüft am 26.06.2018.

Schweer, Martin K.W. (Hg.) (2017): Lehrer-Schüler-Interaktion. Inhaltsfelder, Forschungsperspektiven und methodische Zugänge. 3., überarb. u. aktual. Aufl. 2017. Wiesbaden, s.l.: Springer Fachmedien Wiesbaden (Schule und Gesellschaft, 24). Online verfügbar unter http://lib.myilibrary.com?id=974793.